Garfield

JIM DAVIS

Garfield

LES YEUX PLUS GROS QUE LE VENTRE

Traduction Jeannine DAUBANNAY

DARGAUD  **EDITEUR**

PARIS · BARCELONE · LAUSANNE · LONDRES · MILAN · MONTREAL · NEW YORK · STUTTGART

COPYRIGHT © 1985 United Feature Syndicate, Inc.
All rights reserved. Based on the English language book :
"Garfield Eats his heart out"
© 1983 United Feature Syndicate, Inc.

Dépôt légal Mars 1985

Numéro d'imprimeur : A 85/16132

ISBN 2-205-02864-2

ISSN 0758-5136

Imprimé en France en janvier 1985 par Maury-Imprimeur S.A., Malesherbes

Printed in France

PUNT!

BOING! BOING!

BOING! BOING!

CRASH!

J'AIME QUAND TU ES MÉCHANT !

JIM DAVIS

6·14

JE SUIS CREVÉ...

CREVÉ, CREVÉ, CREVÉ ...

IL DOIT Y AVOIR BIEN MIEUX À FAIRE QUE DE RESTER ACCROCHÉ À UNE PORTE GRILLAGÉE PLUTÔT QUE DE S'Y SUSPENDRE ...

JIM DAVIS

ÇA, C'EST LE PIED !

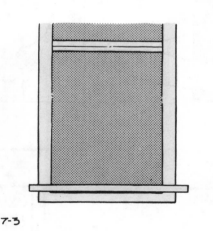

OH ! BEURK !

D'OÙ DONC AS-TU ÉTÉ SORTIR CE POISSON ?

SMACK!

BONK!

QUAND UN CHAT VOUS OFFRE UNE CHOSE MORTE, ODORANTE, C'EST UNE FORME D'AMOUR, ESPÈCE DE SALOPARD !

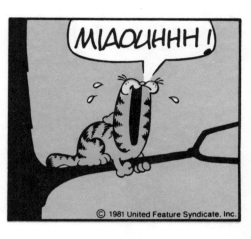

OH, BON ! LE VOILÀ !

CE BURGER CAOUTCHOUC VA BIEN NOUS FAIRE RIRE !

7-12

JIM DAVIS

CHOMP!

SPROING!

ROWR!

HI ! HI !

HA! HA! HA!

GRRRR

ÇA VALAIT LE COUP !

17

IL Y A DES GENS QUI DISENT QUE JE SUIS GROS...

JIM DAVIS

MAIS, C'EST QUE J'AIME MANGER !

7-15

SE DANDINER ET TRANSPIRER EST AUSSI UN AMUSEMENT...

© 1981 United Feature Syndicate, Inc.

JIM DAVIS

BASH!

7-16

BONJOUR, MON GROS !

JE NE VOULAIS QUE SAUTER AU BAS DU LIT...

ÇA N'EST PAS SAIN POUR UN CHAT D'ÊTRE AUSSI GRAS QUE TU L'ES, GARFIELD

JIM DAVIS

7-17

PARCE QUE TU RISQUES D'AVOIR UN MALAISE CARDIAQUE, DES TROUBLES DIGESTIFS...

SOIS PRUDENT...

TU LE SERAIS, TOI ?

© 1981 United Feature Syndicate, Inc.

JIM DAVIS

7-18

CRASH

© 1981 United Feature Syndicate, Inc.

PEUT-ÊTRE QUE JE DEVRAIS ME METTRE À LA DIÈTE

14

TU VAS DONNER UN CONCERT DERRIÈRE LA PALISSADE CETTE NUIT ?

LA MUSIQUE EST MA VIE !

JIM DAVIS

22

VOUS SAVEZ QUE C'EST LUNDI QUAND VOUS VOYEZ DES REQUINS DANS VOTRE ÉCUELLE D'EAU !

GARFIELD

8-3

J'AI ENVIE D'ATTAQUER, MAIS JE SUIS PERSONNELLEMENT OPPOSÉ À UNE VIOLENCE DÉRAISONNABLE...

JIM DAVIS

PUNT!

ÇA C'EST PARCE QUE TU N'ES PAS UN CHAT !

8-4

HÉ, REGARDE GARFIELD ! J'AI L'IMPRESSION QUE C'EST UNE BOULE DE BOWLING !

JIM DAVIS

8-5

SHOOP!

MOI, J'AI EU L'IMPRESSION QUE C'ÉTAIT UN ASPIRATEUR !

JE ME SENS PRÊT À LA BAGARRE AUJOURD'HUI !

JIM DAVIS

8-6

MAINTENANT, JE ME SENS PRÊT À ME PLANQUER QUELQUE PART POUR GÉMIR PENDANT QUELQUES MOMENTS...

QUE VEUX-TU FAIRE CE SOIR, GAR-FIELD ? VOUDRAIS-TU FAIRE DU JOG-GING ? ALLER VOIR UN FILM ? JOUER AU GOLF MINIATURE ?

8-7 JIM DAVIS

OU PRÉFÈRES-TU ALLER MANGER ?

COMPRIS...

© 1981 United Feature Syndicate, Inc.

VOUS EMMENEZ VOTRE CHAT PARTOUT ?

8-8 JIM DAVIS

OUI, NOUS FAISONS TOUT ENSEMBLE, CHÉRIE !

SAUF FAIRE DES AVANCES À UNE SERVEUSE LAIDE...

© 1981 United Feature Syndicate, Inc

JE ME DEMANDE OÙ JE POURRAIS ALLER EN VACANCES...

8-10 JIM DAVIS

PEUT-ÊTRE EN FRANCE OU EN ESPAGNE...

OU À MEXICO !

© 1981 United Feature Syndicate, Inc.

GARFIELD, JE VIENS DE DÉCI-DER DE PRENDRE DES VACANCES...

CHIC ! QUAND PARTONS-NOUS ?

JIM DAVIS

JE NE PENSE PAS QUE TU AIES COMPRIS ! J'AI DIT : "JE", PAS "NOUS" !

8-11

JE PENSE QUE TU AS COMPRIS...

DIS-MOI QUE TU NE FAISAIS QUE BLAGUER !

22 © 1981 United Feature Syndicate, Inc.

JE N'ARRIVE PAS À CROIRE QUE JON NE M'EMMÈNE PAS EN VACANCES...

8-12 · JIM DAVIS

LES CHATS AUSSI ONT BESOIN DE VACANCES...

TOUTE CETTE NOURRITURE ET CES SIESTES PEUVENT ABATTRE UN GARS...

© 1981 United Feature Syndicate, Inc.

TANTE GUSSIE, PEUX-TU T'OCCUPER DE MON CHAT SI JE PARS EN VACANCES ? ... FORMIDABLE !

JIM DAVIS

TU CONNAIS TANTE GUSSIE, GARFIELD ? C'EST UNE TRÈS DOUCE VIEILLE DAME ...

8-13

COMMENT PEUX-TU DIRE ÇA DE QUELQU'UN QUI RESSEMBLE À UNE VIEILLE FÉE ?

© 1981 United Feature Syndicate, Inc.

GARFIELD, JE TE PRÉSENTE TANTE GUSSIE ...

JIM DAVIS · 8-14

JE SUIS HEUREUSE DE TE RENCONTRER ...

ET TOI, TU ME LAISSES INDIFFÉRENT !

© 1981 United Feature Syndicate, Inc.

BIEN, JE PARS ! PRENDS BIEN SOIN DE GARFIELD !

JIM DAVIS

ET GARDE L'OEIL OUVERT SUR LUI ! IL JOUE SOUVENT DES MAUVAIS TOURS !

8-15

AMUSE-TOI BIEN, GARFIELD !

GARFIELD ?....

© 1981 United Feature Syndicate, Inc.

PAT
PAT
PAT

JIM DAVIS

POOMP!

J'AURAIS DÛ LA MANGER POUR SAUVER LA FACE...

8-16

HÉ! DEVINE, GARFIELD?

LE CHIEN D'À CÔTÉ VA DONNER UN GOÛTER D'ANNIVERSAIRE AUJOURD'HUI!

CETTE BRIQUE FERA UN CADEAU ÉPATANT...

BONK
YIP!

YIP!

BON ANNIVERSAIRE, CHIEN!

ALLÔ, DOCTEUR? PENSEZ-VOUS POUVOIR CHIRURGICALEMENT SÉPARER MON CHAT D'UN CHIEN?

JIM DAVIS 8-23

IMAGINEZ-MOI DANS UNE PUBLICITÉ DE NOURRITURE POUR CHATS...

APRÈS, IL Y AURA LES PROPOSITIONS DE FILMS, LES HURLEMENTS DES FANS, LES LIMOUSINES...

VENTROUNET, TOI ET MOI, NOUS ALLONS RÉUSSIR

8-26 JIM DAVIS

EST-CE ICI QUE LES AUDITIONS POUR NOURRITURE SE FERONT POUR MON CHAT ?

OUAIS

8-27 JIM DAVIS

HÉ, LARRY ! ENVOIE L'OBJECTIF GRAND ANGULAIRE !

SI JE N'OBTIENS PAS LE RÔLE, JE VAIS FAIRE AVALER SES LUNETTES À CE METTEUR EN SCÈNE !

OKAY ! NOURRITURE COMMERCIALE POUR CHAT, PREMIÈRE ! ACTION !

ÇA SEMBLE PLUTÔT BOURRATIF...

JIM DAVIS 8-28

COUPEZ !

TU ES SUPPOSÉ MANGER CECI, CHAT !

QUELLE EST MA MOTIVATION ?

OKAY ! NOURRITURE COMMERCIALE POUR CHAT, SECONDE ! ACTION !

JIM DAVIS

BEURK !

8-29

MMPH GRP BRUF

QU'A DIT LE METTEUR EN SCÈNE, GARFIELD ?

VAGUEMENT TRADUIT : JE NE CONVIENS PAS AU RÔLE !

WHAP!

© 1981 United Feature Syndicate, Inc.

BONK!

GOOSH!

9-6

JIM DAVIS

JIM DAVIS 9-13

ZUT !

VOILÀ QUE J'AI RECOMMENCÉ ...

ET ME VOICI CONDAMNÉ À MOURIR À NOUVEAU. SI JE RESTE LÀ, JE VAIS MOURIR DE FAIM. SI JE SAUTE, JE M'APLATIS COMME UNE CRÊPE AU CHAT. J'ESPÈRE QUE QUELQU'UN VIENDRA ME SECOURIR.

TU ES ENCORE IMMOBILISÉ DANS L'ARBRE, GARFIELD ?

À L'AIDE ! À L'AIDE !

35

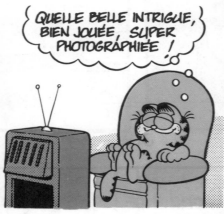

40

JIM DAVIS

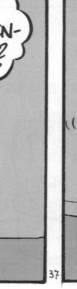

J'AI PSYCHANALYSÉ VOTRE CHAT, Mª ARBUCKLE...

IL VA TRÈS BIEN !

ÉPATANT !

ÇA FAIT PLAISIR DE SAVOIR QUE TU ES NORMAL, GARFIELD...

MES COPAINS M'APPELLENT MODULE LUNAIRE...

JE SUIS CONTENT QUE TU AIES PASSÉ TON TEST PSYCHOLOGIQUE, GARFIELD. N'EST-CE PAS FORMIDABLE DE SAVOIR QUE TU ES TOUT À FAIT NORMAL ?

FWEEE

JE HAIS LE LUNDI... C'EST LE DÉBUT D'UNE LONGUE SEMAINE D'ESCLAVAGE SANS ESPOIR EN VUE ...

ET JE N'AI JAMAIS TRAVAILLÉ...

JE SUIS TOUT JUSTE UN CAMÉLÉON SOCIAL !

TIENS, VOICI ARLÈNE ! UN SEUL REGARD D'ELLE ME FAIT FONDRE ! J'IRAIS JUSQU'AU BOUT DE LA TERRE POUR ELLE, ... SI...

TOUCHEZ À MON NOUNOURS ET JE COLLE VOS FAUX CILS AU PLAFOND, MADAME !

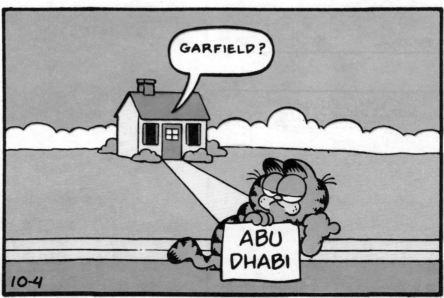

47